Inhalt

Chinesische Oper

Opernaufführungen waren in ganz China beliebt. Alle Darsteller waren Männer und es gab vier verschiedene Rollentypen: *Sheng* (Kaiser, Generäle, Edelleute), *Qing* (Bösewichte, Aufrührer, Geächtete), *Dan* (Frauen) und *Chou* (Spaßmacher).

Jonathan Clements

Das alte China

Wer waren die alten Chinesen?

Die Yangshao-Kultur

Das Volk der Yangshao begründete eine der ältesten Kulturen Chinas mit einer Blütezeit um 4500 v. Chr. Die Yangshao lebten in pyramidenförmigen, strohgedeckten Hütten, hielten Hunde und Schweine und stellten Tonwaren her. Die Stämme wurden von Frauen regiert. Eigentum wurde innerhalb der weiblichen Verwandtschaft vererbt und die Frauengräber waren besser ausgestattet als die der Männer.

China war und ist noch heute ein riesiges Land. Das Leben an den Ufern der gewaltigen Ströme Yangzi und Huang He (Gelber Fluss) war so unsicher und die Bevölkerung so groß, dass nur die Herrschaft über das ganze Reich eine gewisse Garantie für die Beherrschung auch kleinerer Teile Chinas bot. Durch die Jahrtausende veränderten sich die Grenzen Chinas ständig. 221 v. Chr. wurden die zerstrittenen Einzelstaaten unter König Qin Shihnang erstmals geeint. Er wurde der erste Kaiser Chinas und begründete die Qin-Dynastie, die allerdings nur wenige Jahre Bestand hatte. Seither werden die Epochen der chinesischen Geschichte nach den jeweils herrschenden Dynastien benannt.

Kaiserliche Kostbarkeiten

Seit der Qin-Dynastie, der weitere Dynastien (Herrscherhäuser) folgten, beanspruchten die Kaiser Chinas göttliche Ehren. Ihre Macht reichte weit und sie erhielten Tributzahlungen aus ganz Asien. Der Reichtum bei Hofe zog die besten Handwerker ihrer Zeit an, wie den Schöpfer dieser prächtigen Vase aus der Ming-Dynastie.

Der letzte Kaiser

Nicht alle Dynastien kamen aus China. Die Yuan-Kaiser waren Nachfahren des Mongolenherrschers Dschingis Khan. Die mandschurische Qing-Dynastie regierte über 200 Jahre. Ihr letzter Kaiser, Xuan Tong (mit dem Eigennamen Pu Yi), wurde 1911, im Alter von sechs Jahren, abgesetzt. Damit endete die chinesische Kaiserzeit.

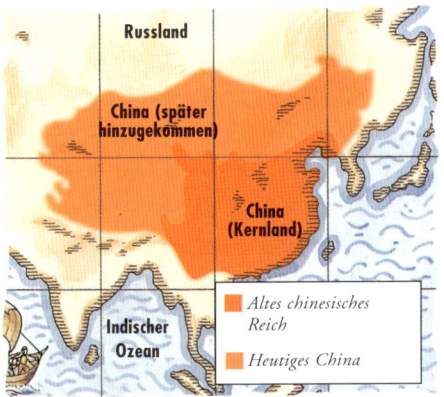

Damals und heute

Das alte chinesische Reich war wesentlich kleiner als die heutige Volksrepublik. Es umfasste das Becken des Yangzi und des Huang He, wo am Ende der Steinzeit vor 5000 Jahren die erste chinesische Hochkultur entstand. Das heutige China umfasst neben dem Kernland die Mandschurei, die Innere Mongolei, Xinjiang und Tibet.

Das Reich der Mitte

Den Chinesen galt ihr Land als das Zentrum der Welt, daher der Name *Zhong Guo* (Reich der Mitte). Das linke Schriftzeichen steht für »Mitte«: ein senkrechter Strich durch ein Loch. Das rechte Schriftzeichen für »Reich« zeigt einen Herrscher mit einem Edelstein, der von den Grenzen seines Reichs umgeben ist.

Geld der Frühzeit

Die runde Bronzemünze hier (ca. 220 v. Chr.) symbolisiert die Erde mit einem quadratischen Loch für den Himmel. Das Zeichen rechts davon steht für »Muschel« und verweist auf früheres Muschelgeld aus der Shang-Dynastie. Die frühen chinesischen Staaten hatten alle ihre eigene Währung, darunter Blöcke aus Teeblättern und Metallplättchen. Während der Regierung des ersten Kaisers wurde eine einheitliche Währung eingeführt.

Dynastien in China

2100–1600 v. Chr.
Xia-Dynastie (Legendäre Könige)
1600–1100 v. Chr.
Shang-Dynastie (Nordchina)
1100–221 v. Chr.
Zhou-Dynastie (Nordchina)

Chinesisches Kaiserreich

221–207 v. Chr.
Qin-Dynastie
206 v. Chr.–220 n. Chr.
Han-Dynastie
220–280 n. Chr.
Zeit der drei Reiche
265–420 n. Chr.
Westliche und Östliche Jin-Dynastie
420–589 n. Chr.
Südliche und nördliche Dynastien (Song-, Liang-, Chen-, nördliche, östliche und westliche Wei-, nördliche und südliche Qi- und nördliche Zhou-Dynastie)
581–618 n. Chr.
Sui-Dynastie
618–907 n. Chr.
Tang-Dynastie
907–979 n. Chr.
Zeitalter der fünf Dynastien im Norden und der zehn Staaten im Süden
960–1279 n. Chr.
Song-Dynastie (Norden und Süden)
916–1125 n. Chr.
Liao-Dynastie
1126–1234 n. Chr.
Jin-Dynastie (Norden)
1260–1368 n. Chr.
Yuan-Dynastie (Mongolen)
1368–1644 n. Chr.
Ming-Dynastie
1644–1912 n. Chr.
Qing-Dynastie (Mandschu)

Modernes China

1912–1949
Republik China
1949–heute
Volksrepublik China

Das Leben der Reichen

Die Gesellschaft in China war streng hierarchisch aufgebaut. An der Spitze stand der Kaiser, am unteren Ende die einfachen Bauern. Aus den noch erhaltenen Zeugnissen der alten Kultur, vor allem aus Grabbeigaben, erfahren wir in erster Linie etwas über das Leben der reichen und angesehenen Persönlichkeiten, weil nur sie sich Gegenstände aus dauerhaften Materialien leisten konnten. Allerdings sind nur wenige schriftliche Zeugnisse erhalten, weil das von den Chinesen erfundene Papier weniger haltbar ist als Schriftdokumente aus Stein oder Pergament.

Aufstiegsmöglichkeiten

In Kriegszeiten konnte man durch Tapferkeit im Felde befördert werden. In Friedenszeiten führte der Weg nach oben nur über die Beamtenlaufbahn. In regelmäßigen Abständen wurden Anwärter auf eine Beförderung geprüft, indem man sie Gedichte und Geschichten auswendig vortragen ließ. Wer eine Prüfung nicht ablegte oder nicht bestand, wurde zurückgestuft.

Befragung des Orakels

Seit dem Beginn der Shang-Dynastie (1600–1100 v. Chr.) suchten die Menschen – wenn sie es sich leisten konnten – Wahrsager auf. Während Fragen nach dem göttlichen Willen gestellt wurden, drückte man einen glühenden Stab gegen die untere Platte eines Schildkrötenpanzers. Die entstehenden Risse wurden gedeutet und die Antworten als bleibendes Zeugnis des Orakelspruchs in das Schildpatt geätzt.

Hoher und niederer Adel

Ähnlich wie bei uns gab es beim chinesischen Adel aufsteigende Rangstufen: *Nan, Zi, Bo, Hou* und *Gong*. Adelstitel waren vererbbar. Familien, die nichts zur Rechtfertigung ihrer hohen Würde leisteten, wurden in jeder Generation einen Schritt zurückgestuft – bis sie auf der Stufe des einfachen Mannes landeten.

Das Haus eines reichen Mannes

Man glaubte, dass die Lage eines Hauses das Schicksal ihrer Bewohner beeinflusste. Wer es sich leisten konnte, baute deshalb so, dass er Widrigkeiten und böse Geister vermied. Da auch das Unglück des Nachbarn Unheil über das eigene Haus bringen konnte, vermied man ein Leben in der Stadt und zog sich aufs ruhigere Land zurück.

Zu reich zum Arbeiten

Lange Fingernägel waren ein Zeichen von Reichtum, da man mit langen Nägeln keine Handarbeit verrichten kann. Reiche ließen alle zehn Nägel lang wachsen, andere wenigstens einen. Unter der Kaiserinwitwe Cixi (1835–1908) wurden die langen, sorgfältig manikürten Nägel durch Futterale geschützt.

Amtssiegel

Briefe, Dokumente, Befehle, ja sogar Bilder wurden mit dem Stempel des Eigentümers, einer stilisierten Form seines Namens, versehen. Ohne Stempel war ein Dokument ungültig. Einfache Bürger und niedere Beamte verwendeten ein rotes Siegel, höhere Beamte ein malvenfarbenes. Während offizieller Trauerzeiten waren alle Stempel blau. Der Stempel des Kaisers war so riesig, dass zwei Leute ihn heben mussten.

Zauberstein

Jade war bei den Wohlhabenden eine geschätzte Ware. Wie alle Steine kann er zwar gebrochen, aber nicht verbogen werden und symbolisierte deshalb Ehre und Beständigkeit. Außerdem schrieb man ihm Zauberkraft zu. Er war extrem schwierig zu bearbeiten und musste mühsam mit Sandpapier in Form geschmirgelt werden.

Das Leben der Armen

Wie überall mussten auch in China die Armen körperlich schwere Arbeit, z.B. in der Landwirtschaft, für die Reichen leisten. Nachdem um etwa 600 v. Chr. Abgaben für die Untertanen eingeführt worden waren, mussten die Bauern in Kriegszeiten entweder selbst in der Armee dienen oder Material, Nahrung und Geld zur Verfügung stellen. Unter diesen Umständen waren alle Familienmitglieder gezwungen, bei der Arbeit mitzuhelfen – auch die Kinder. Alte Leute, die nicht mehr arbeiten konnten, wurden aber trotzdem mit Achtung behandelt. Auch nach ihrem Tod wurde ihrer gedacht, weil sie bei den Göttern Fürsprache für die Familie erbaten. Viele Bauern besaßen kein eigenes Land, sondern arbeiteten als Leibeigene für einen Grundherrn. Dieser durfte sie bestrafen, wenn sie seiner Meinung nach nicht fleißig genug waren.

Ochsenstärke

Im Idealfall zog ein Ochse den Pflug durch die Reisfelder. Aber Ochsen waren nicht leicht zu beschaffen, da ihre Herden in den Steppen außerhalb des alten Reiches lebten. Es gab zwar »Ochsenherren«, die Ochsen verliehen, aber viele Bauern konnten sich nicht einmal ein Miettier leisten und mussten selbst Hand anlegen.

Leben in der Stadt

Zu enge Nachbarschaft galt als schlechtes feng shui (siehe Seite 15), da man durch die Nähe dem Schicksal des Nachbarn ausgesetzt war. Auf dem Land gab es genügend Platz, aber ärmere Leute mussten oft in der drangvollen Enge der Städte leben. Armen Familien stand häufig nur ein Raum zur Verfügung, der als Ess-, Wohn- und Schlafzimmer und manchmal sogar als Stall diente.

Schwerarbeit

Landarbeit in China war hart. Im Mai und Juni gab es viel zu tun: pflanzen, ernten, junge Reispflanzen auf die Felder setzen und Seidenwürmer absammeln. Die Tätigkeit der »Kulis«, der Tagelöhner, war ungesund, weil sie mit nackten Füßen in der Gülle auf den Reisfeldern arbeiten mussten. Zwischen November und Februar aber, wenn es wenig zu tun gab, mussten die vielen Arbeitskräfte Hunger leiden. Nicht von ungefähr bedeutet das Wort »Kuli« im chinesischen »Härte«, aber auch »Kraft«.

Fischerei

Arme Menschen in Küstennähe ver-
dienten ihren Lebensunterhalt oft mit
Fischerei. Dabei waren sie nie sicher vor
Piraten. Sie führen deshalb nur paar-
weise zur See und entfernten sich nie
weit vom Land. Ein kleines Boot heißt
sampan. Heute nennt man aber alle
Boote, große wie kleine, »Dschunke«
(vom malaysischen *jong* = großes Boot).

Essen und Trinken

Durch die ungeheure Ausdehnung Chinas gab es große Unterschiede zwischen den einzelnen Landstrichen. Feldfrüchte, Ernährung und Kochkunst waren überall verschieden. Im Süden Chinas wurde das Essen auf kantonesische Art nur kurz in heißem Öl angebraten, im Norden, im Tal des Yangzi, wurde mehr Wert auf süß-saure Soßen gelegt. In Tibet, der Äußeren Mongolei und der Mandschurei wurden beim Kochen viele Milchprodukte verwendet, während sich die Küstenprovinz Fujian auf Fischgerichte spezialisierte. Die scharf gewürzte Küche Sichuans konnte sich erst entwickeln, nachdem im 16. Jh. Chili aus Mittelamerika eingeführt wurde.

Fischen mit Kormoranen

Neben Angelrute und Netz fischten die Chinesen damals wie heute auch mit Kormoranen: Mit Lampen wurden die Fische nachts an die Oberfläche gelockt, wo sie von abgerichteten Kormoranen vom Boot aus geschnappt wurden. Die Vögel trugen Ringe um den Hals, damit sie die Fische nicht schluckten, bevor die Fischer sie ihnen abnahmen.

Reis und Reisanbau

Während der Tang-Dynastie wurden schnell wachsende Reissorten aus Vietnam eingeführt. Ein Kanalsystem ermöglichte die Belieferung entfernter Gegenden mit Lebensmitteln und Wasser. Mit Schöpfrädern wurde das Wasser zu höher gelegenen Feldern transportiert. Mit der Erfindung neuer Geräte, wie der Egge, wurde der Reis das wichtigste Nahrungsmittel für die wachsende Bevölkerung in ganz China. Allerdings bestand bei dieser Spezialisierung auf ein Hauptnahrungsmittel die Gefahr, dass Missernten große Hungersnöte nach sich zogen.

Weizen und Hirse

Das Hauptnahrungsmittel im alten China war Hirse, die zu grobem Mehl gemahlen wurde. Mit der Erfindung neuer Mahltechniken um 500 n. Chr. wurde Weizen immer beliebter, aus dessen Mehl man Nudeln machte.

Tee in China

Tee oder *cha* war bei arm und reich beliebt. Es gab Teesorten für jeden Geschmack und jeden Geldbeutel. Die Blätter für den schwarzen Tee wurden geröstet. In den Teestuben konnten auch andere Sorten der unterschiedlichsten Geschmacksrichtungen und Zubereitungsarten gekostet werden. Diese Teestuben waren beliebte Treffpunkte. Im Süden Chinas wurde *cha* wie *tai* ausgesprochen. Diese Sprechweise wurde in Europa übernommen. Alle heute bekannten Teesorten stammen aus dem alten China.

Essstäbchen

Da Metall im alten China häufig Mangelware war, wurde das Essen bereits in der Küche klein geschnitten. Die mundgerechten Stücke lassen sich gut mit hölzernen Stäbchen essen. Die Chinesen nennen sie *kuaizi* (Beschleuniger), weil sie das Essen schnell in den Mund befördern. Zur besseren Handhabung der Stäbchen führt man die Schale mit der linken Hand nahe zum Mund.

Exotische Früchte

Es gab (und gibt auch heute noch) zahlreiche, in unseren Ohren exotisch klingende Früchte und Gemüsesorten, wie Litschi (links), Longan, Wassernuss, Zuckererbse, Balsambirne und Chinakohl (*bai cai* = weißes Gemüse), die alle zum typischen Geschmack chinesischer Speisen beitragen.

Freizeitvergnügen

Die kaiserliche Regierung unterschied zwischen guten und schlechten Freizeitbeschäftigungen. Als gut galten Loblieder auf den Kaiser, Kampfsportarten und der Besuch von genehmigten Theateraufführungen. Trunk- und Spielsucht und anstößiges Verhalten wurden abgelehnt. Theaterstücke, die den Kaiser lächerlich machten, waren streng verboten.

Buch der Wandlungen

Antwort und Rat auf wichtige persönliche Fragen findet man in den 64 Kapiteln des *Yi Jing* (= Buch der Wandlungen), einer 3000 Jahre alten Orakelmethode. Welches Kapitel man im jeweiligen Fall zurate ziehen soll, erfährt man, indem man Stäbchen oder Münzen nach einem bestimmten System wirft. Aus ihrer Lage ergibt sich das passende Kapitel.

Chinesisches Schach

Das Schachspiel kommt zwar aus Indien, war aber in China schon 570 n. Chr. bekannt. Es unterscheidet sich sehr von unserer Spielart. Es hat zwar auch 64 Felder, aber die Figuren werden auf deren Grenzlinien gezogen, und die Könige können ihre vier Felder großen Paläste nicht verlassen. Die 32 Figuren haben alle die gleiche Form und Größe, die jeweilige Funktion geht aus einer Inschrift hervor. Neben Pferden, Wagen, Ministern und Soldaten gibt es Elefanten, Wachen und Kanonen.

Chinesische Oper

Musik- und Gesangsvorführungen erfreuten sich schon im 7. Jh. n. Chr. großer Beliebtheit und entwickelten sich allmählich zu ganzen Opern. Die vier verschiedenen Rollentypen, die alle von Männern gespielt wurden, sind: Sheng, Qing, Dan und Chou (siehe erste Seite).

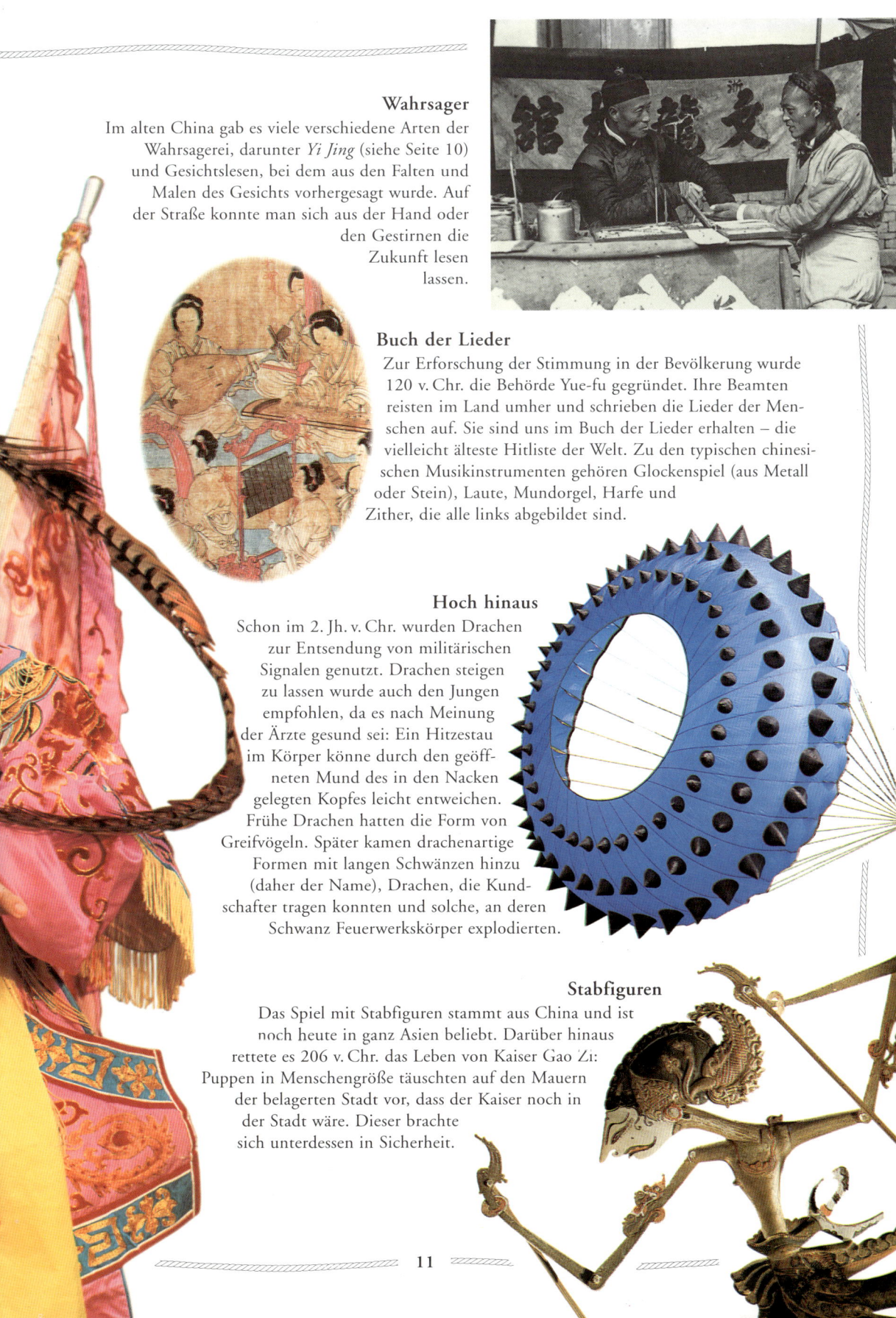

Wahrsager

Im alten China gab es viele verschiedene Arten der Wahrsagerei, darunter *Yi Jing* (siehe Seite 10) und Gesichtslesen, bei dem aus den Falten und Malen des Gesichts vorhergesagt wurde. Auf der Straße konnte man sich aus der Hand oder den Gestirnen die Zukunft lesen lassen.

Buch der Lieder

Zur Erforschung der Stimmung in der Bevölkerung wurde 120 v. Chr. die Behörde Yue-fu gegründet. Ihre Beamten reisten im Land umher und schrieben die Lieder der Menschen auf. Sie sind uns im Buch der Lieder erhalten – die vielleicht älteste Hitliste der Welt. Zu den typischen chinesischen Musikinstrumenten gehören Glockenspiel (aus Metall oder Stein), Laute, Mundorgel, Harfe und Zither, die alle links abgebildet sind.

Hoch hinaus

Schon im 2. Jh. v. Chr. wurden Drachen zur Entsendung von militärischen Signalen genutzt. Drachen steigen zu lassen wurde auch den Jungen empfohlen, da es nach Meinung der Ärzte gesund sei: Ein Hitzestau im Körper könne durch den geöffneten Mund des in den Nacken gelegten Kopfes leicht entweichen. Frühe Drachen hatten die Form von Greifvögeln. Später kamen drachenartige Formen mit langen Schwänzen hinzu (daher der Name), Drachen, die Kundschafter tragen konnten und solche, an deren Schwanz Feuerwerkskörper explodierten.

Stabfiguren

Das Spiel mit Stabfiguren stammt aus China und ist noch heute in ganz Asien beliebt. Darüber hinaus rettete es 206 v. Chr. das Leben von Kaiser Gao Zi: Puppen in Menschengröße täuschten auf den Mauern der belagerten Stadt vor, dass der Kaiser noch in der Stadt wäre. Dieser brachte sich unterdessen in Sicherheit.

Kleidung und Mode

Einfache Menschen in China trugen Kleidung aus Hanf oder Chinagras (Ramie). Im 14. Jh. begann man mit dem Anbau von Baumwolle, die aus Südasien ins Reich gelangte. Sie war wärmer und lohnender im Anbau. Kleidung war auch ein Zeichen für den gesellschaftlichen Rang des Trägers; vor allem Beamte mussten auf eine würdevolle Erscheinung achten. Kleider waren oft mit Tieren aus der Mythologie gemustert, die den Träger beschützen oder ihm Glück bringen sollten. Drachen wurden meist mit drei oder vier Krallen dargestellt – fünf Krallen waren für die kaiserliche Familie reserviert.

Kühlung

Fächer waren zunächst flache runde Scheiben, mit denen sich Männer und Frauen kühlende Luft zufächelten. Der faltbare Fächer wurde im 4. Jh. n. Chr. in Japan erfunden und noch vor dem 11. Jh. von den Chinesen begeistert übernommen. Reiche hatten für jede Jahreszeit den passenden Fächer, auf den man sich gegenseitig Zeichen der Freundschaft schrieb oder malte.

Das Geheimnis der Seide

Seide wurde in China schon vor über 2000 Jahren hergestellt und gehörte zu seinen wichtigsten Handelswaren. Bereits zur Zeit der alten Römer gelangte das begehrte Produkt über die so genannte Seidenstraße nach Europa. Man versuchte, dem Geheimnis des leichten, weichen, seidig schimmernden Stoffes auf den Grund zu kommen. Erst im 6. Jh. n. Chr. machten Spione aus Europa die unglaubliche Entdeckung, dass der feine Seidenfaden vom Kokon der Seidenraupe stammte.

Männergewänder

Die Stellung von Beamten zeigte sich an der Kleidung und am Schmuck. Mönche und Priester, die ein Armutsgelübde abgelegt hatten, trugen dagegen einfache, bescheidene Kleidung.

Mandarin-Stil

Im 12. Jh. n. Chr. setzte sich in ganz China die Sitte der Mandschu aus dem Norden durch, die Mode nach ihrem treuesten Diener, dem Pferd, zu gestalten. Die Ärmel waren weit und fielen über die Hand herab, sodass sie an die Form von Hufen erinnerten. Diener mussten das Haar vorne geschoren tragen und hinten zu einem langen Zopf flechten, der wie ein Pferdeschweif aussah.

Hoch und mächtig

Ein Mandarin war ein höherer chinesischer Beamter. Mit seinen hohen Absätzen stand er über seinen geringeren Zeitgenossen und über dem Schmutz der Straße. Bequem zum Laufen waren diese Schuhe nicht – aber ein Mandarin musste selten zu Fuß gehen, er ließ sich in einer Sänfte tragen.

Eingebundene Füße

Kleine Füße bei Frauen waren ein Zeichen von Schönheit – je kleiner, desto schöner. Seit etwa 1000 n. Chr. wurden Mädchen die Füße eingebunden, um ihre Heiratschancen zu erhöhen. Die Bandagen waren so eng, dass der Fuß sich nicht zu seiner normalen Größe entwickeln konnte und verkümmerte. Das Gehen bereitete große Schmerzen. Erst im frühen 20. Jh. wurde diese grausame Tradition abgeschafft.

Kunst und Architektur

Skulpturen
Figürliche Dar-
stellungen waren seit
jeher sehr geschätzt.
Dieses weiße Tonpferd
wurde im Grab von
Zhang Shigui, einem
Adligen der Tang-
Dynastie, gefunden.

Der Reichtum und die hohe Kultur im alten China
schufen einige der kostbarsten Kunstschätze der
Weltgeschichte. In machtvollen Zeiten, z. B. auf
dem Höhepunkt der Song- und der Tang-Dynastie, entstanden vielfältige Kunstwerke: Bronze-
statuen, Seidenstoffe, Lackarbeiten, Tuschezeich-
nungen, bemaltes Porzellan. Die chinesische
Architektur vermied harte Ecken und Kanten und
bevorzugte weich geschwungene Kurven, wie an
der Form der Dächer ersichtlich. Diese weicheren
Linien sollen ein gutes *qi* (Energie) bewirken. Ähnlich
fließende Formen und die Darstellung natürlicher
Harmonie finden sich auch auf anderen Gebieten der
Kunst. Maler bevorzugten Landschaften mit *shan shui*
(Bergen und Wasser), mit weichen Nebelschwaden und
winzigen Menschen, die sich angesichts der Größe der
Natur wie Zwerge ausnehmen.

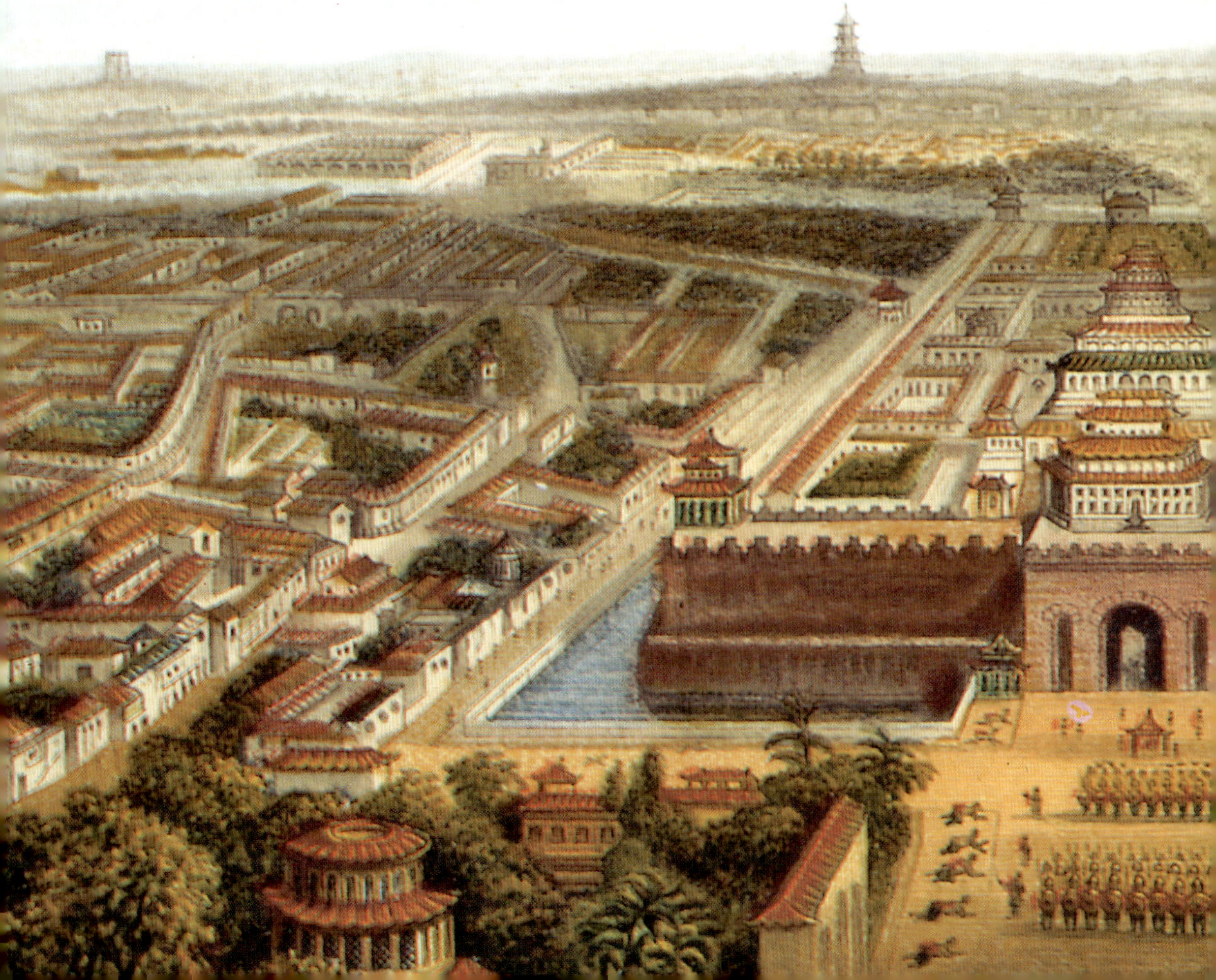

Feng shui

Feng shui (Wind und Wasser) lässt sich nur fühlen – nicht sehen –, nur fassen – nicht festhalten. Im 3. Jh. n. Chr. suchte man mithilfe von *feng shui* günstige Grabstellen, später diente es allgemein als Mittel gegen ungute Einflüsse im Haus. Noch heute verwenden Meister des *feng shui* einen Kompass wie den hier abgebildeten, um günstige und widrige Einflüsse aufgrund der Lage eines Hauses zu bestimmen.

Kunst der Bronzezeit

Schon 1000 v. Chr. war die Kultur der Shang im Norden Chinas hoch entwickelt. Sie schmiedeten Bronzegefäße, die mit mehr oder weniger schrecklichen Fabelwesen verziert waren. Häufig wurden sie nur symbolisch durch ein Muster aus rechteckigen Spiralen mit einem Auge in der Mitte dargestellt.

Die verbotene Stadt

Die Hauptstadt Chinas, Beijing (früher Peking), wurde auf der Grundlage eines regelmäßigen Netzes von sich rechtwinklig kreuzenden Straßen geplant. Ihre Nord-Süd- und Ost-West-Ausrichtung geht bewusst auf das *feng shui* früherer Zeiten zurück. 1420 wurde im Inneren der Stadt eine ummauerte Festung als kaiserlicher Palast errichtet. Da der Zugang für Außenstehende verboten war, wurde sie »verbotene Stadt« genannt.

Gesundheit und Heilkunst

Die traditionelle chinesische Heilkunst arbeitet nicht nach wissenschaftlichen Erkenntnissen, sondern ist sehr praxisbezogen. Sie geht davon aus, dass es einen Zusammenhang zwischen Körper und Psyche und ein Zusammenspiel der einzelnen Organe gibt. Darum wird nicht nur der erkrankte Körperteil behandelt, sondern der ganze Mensch. Die chinesische Medizin beruht auf der Vorstellung von *qi*: Das ist die Energie, die in jedem Lebewesen steckt. Wenn sie nicht im Gleichgewicht ist, wird der Mensch krank. Die Behandlung erfolgt mithilfe von Kräutern, Massage, Akupunktur, Moxibustion und *Qi-Gong*. Krankheiten können durch gesunde Ernährung und genügend Bewegung verhindert werden.

Moxibustion

Bei der Moxibustion werden Räucherkerzen aus getrockneten Beifußblättern auf der Haut zum Glimmen gebracht, und zwar unter einem Glas, damit die Hitze nicht entweicht.

Wurzelmann

Im 12. Jh. fand die aromatische Ginseng-Wurzel weite Verbreitung. Die Wurzel, die häufig einer menschlichen Gestalt ähnelt, war (und ist auch heute) als Heilmittel hoch geschätzt. Sie galt als Eigentum des Kaisers, der sie bisweilen auch treuen Untertanen überließ. Man schrieb ihr die Kraft zu, sich nach 300-jähriger ungestörter Entwicklung in einen weißblütigen Menschen verwandeln zu können, dessen Blut die Toten auferstehen lasse.

Akupunktur

Der Fluss der Lebensenergie kann durch blockierte Kanäle gestört werden. Im 1. Jh. n. Chr. wurde deshalb die Akupunktur erfunden. An bestimmten Körperstellen – wie auf der Statue gezeigt – werden Nadeln eingestochen, die den Energiefluss wieder in Gang bringen und die körpereigenen Abwehrkräfte anregen. Akupunktur wird heute auch zur Betäubung verwendet.

Der Opiumkrieg

Als Schmerzmittel war Opium in China schon sehr lange bekannt, aber während der späten Ming-Dynastie (1368–1644) wurde es auch als Droge verwendet. Nach der Einführung des Tabaks aus Amerika wurde vielfach eine Mischung aus beiden Drogen geraucht. Doch da man davon süchtig wird, wurde der Genuss von Opium verboten. Britische Händler brachten es jedoch wieder ins Land, indem sie den begehrten Tee mit Opium bezahlten. Das führte 1840 zum Opiumkrieg, den China verlor, und zur Übernahme Hongkongs durch die Briten.

Morgengymnastik

Die Chinesen glauben, dass Bewegung und gesunde Lebensweise die Lebensenergie stärken und die Lebenserwartung verlängern. Denn nur in einem gesunden Körper kann sich auch ein gesunder Geist entfalten. Viele Chinesen halten sich mit *tai qi* fit, einer Art sanfter Gymnastik, die der Kampfkunst entlehnt ist. Gerne wird auch *gong fu* (bei uns kung fu), eine Boxart, praktiziert.

Geheimnisvolle Heilmittel

Viele chinesische Heilmittel sind nachweislich wirksam. Manche jedoch sind reiner Aberglauben. So wurden Riesenmengen von Hirschgeweihen als Heilmittel eingeführt – vielleicht nur, weil das chinesische Wort dafür in manchen Dialekten wie das Wort für »Linderung« klingt.

Liebe und Ehe

Im alten China gingen Familienpflichten über persönliche Gefühle. Ehen wurden von Heiratsvermittlern gestiftet – zuweilen schon vor der Geburt der künftigen Eheleute –, die diese Tätigkeit als Beruf ausübten. Auf diese Weise konnten z.B. miteinander verfeindete Familien versöhnt werden. Die Frau musste ihre Familie verlassen und gehörte nach der Heirat zur Familie des Mannes, wo sie seine Ahnen verehren und seinen Eltern gehorchen musste.

Liebesvögel

Mandarinenten bleiben ihrem Partner ein Leben lang treu und wurden so zum Symbol für eheliche Liebe. Wildgänse im Flug stehen für getrennte Liebende und kommen in zahlreichen Gedichten vor, in denen beide Partner auf eine Nachricht voneinander warten.

Konkubinen

Nur die rechtmäßige Ehefrau konnte Ehren und Titel mit dem Mann teilen. Er konnte sich aber weitere Frauen, so genannte Konkubinen, nehmen und mit ihnen Kinder zeugen. Konkubinen wurden häufig von der Ehefrau und den Eltern des Mannes schlecht behandelt.

Scheidung

War eine Frau unfruchtbar, eifersüchtig, krank, eine Diebin, gegen ihre Schwiegerfamilie unehrerbietig oder sogar sehr redselig, konnte sich der Mann von ihr scheiden lassen. Das war jedoch nicht möglich, wenn sie in einer Trauerphase war, wenn er Geld geerbt hatte oder wenn sie keine Familie hatte, zu der sie hätte zurückkehren können.

Tödliche Liebe

Die schönste Frau in der Geschichte Chinas soll Yang Guifei gewesen sein, die Geliebte von Kaiser Xuanzong (8. Jh.) Er war so verliebt in sie, dass er seine Regierungsgeschäfte vernachlässigte und Mitglieder ihrer Familie mit hohen Ämtern versorgte. Als er ihren Vetter zum höchsten Minister ernannte, gab es einen Aufstand, bei dem sie getötet wurde.

Hochzeitsrituale

Vor einer Eheschließung wurden aus den genauen Geburtsdaten der Brautleute (Stunde, Tag, Monat, Jahr) die Chancen für eine gute Verbindung errechnet. Am Hochzeitstag wurde die Braut in rotem Kleid in einer Sänfte zum Haus des Bräutigams getragen. Nachdem sie gemeinsam zu seinen Ahnen gebetet hatten, waren sie Mann und Frau. Bis zum Beginn der Sui-Dynastie (581 n. Chr.) mussten sich verheiratete Frauen außerhalb des Hauses verschleiern. Dieser Brauch ist bis heute in der Sitte des Brautschleiers lebendig.

Lus Missgunst

Das Zhinan-Heiligtum in Taiwan ist Lu Dongbin geweiht, einem der acht legendären Unsterblichen, der von der Angebeteten verschmäht worden war. Liebende sollten diesen Ort nicht gemeinsam besuchen, da Lu sie in seiner Eifersucht trennen könnte.

Frauen und Kinder

Nach der alten chinesischen Philosophie war das Universum ständig bestrebt, einen Zustand der Harmonie und des Gleichgewichts zu erreichen. Zu dieser himmlischen Ordnung gehörte auch, dass der Mann befiehlt und die Frau zu gehorchen hat. Tatsächlich konnten aber auch Frauen Macht ausüben, vor allem zu Hause und über ihre Kinder. Außerdem gab es einflussreiche Kaisermütter, deren Söhne sich dem mütterlichen Willen unterordneten. Sogar der Philosoph Konfuzius klagte einmal: *»Von nahem ist sie unverschämt, von ferne nörgelt sie.«*

Granatapfel

Das Innere dieser Frucht ist über und über mit Samen gefüllt. Daher wurde sie zu einem Symbol für Fruchtbarkeit und von Ehepaaren begehrt, die sich viele Kinder wünschten. Wer keine Kinder mehr wollte, machte um Granatäpfel einen großen Bogen.

Kaiserliche Regentin

Die Kaiserin Cixi (1835–1908) war die letzte weibliche Regentin in einer langen Reihe von Frauen seit dem 1. Jh. n. Chr., die hinter einem schwachen Kaiser die Fäden in der Hand hielten. Ihr Sohn, der Tongzhi-Kaiser, war zwar allmächtig, musste aber seiner Mutter als dem überlebenden Elternteil gehorchen. So kam es, dass sie über ihn ein ganzes Land beherrschte.

Wunderliches Einhorn

Der Legende nach soll das chinesische Einhorn, das *jilin*, kurz vor dem Tod des Konfuzius erschienen sein und eine Zeit großen Friedens und Wohlstands verkündet haben. Da das Einhorn den Eltern ein Wunderkind bescheren sollte, stellte man gern die Abbildung eines Einhorns neben die Wiege. Solche Legenden von Fabelwesen fanden neue Nahrung, als General Zheng He aus Afrika eine Giraffe mitbrachte und damit den chinesischen Hof verblüffte.

Blendende Schönheit

Der Drachen galt als Symbol des Mannes, der Phönix als das der Frau. Häufig findet man Abbildungen des Phönix auf Frauenkleidern und auf Schmuck.

Geburtstage

Bauernsöhne arbeiteten von klein auf mit auf dem Feld. Schon mit sechs Jahren wurde ihnen Verantwortung übertragen – nach chinesischer Berechnung mit sieben, da man das Alter bei der Geburt mit einem Jahr und nicht mit null berechnete. Anschließend wurden nicht die Geburtstage gezählt, sondern am chinesischen Neujahrstag fügte jedermann ein Jahr zu seinem Alter hinzu. Ein am 31. Dezember geborenes Kind war also am nächsten Morgen bereits zwei Jahre alt.

Mädchen

Während die Brüder auf dem Feld arbeiteten, halfen die Mädchen beim Spinnen und Weben. Arme Leute fürchteten die Geburt einer Tochter. Bis sie einem Ehemann in dessen Familie folgen konnte, musste sie versorgt werden. Überdies war ihre Verheiratung teuer. Die Mädchen hatte kein Mitspracherecht, was ihre Zukunft betraf. Nach der konfuzianischen Tradition mussten sie bis zur Heirat ihren Eltern, dann ihrem Mann und nach dessen Tod ihrem ältesten Sohn gehorchen.

Fremde Eindringlinge

Die Chinesische Mauer war nicht unüberwindbar. Im 4. Jh. n. Chr. wurde sie von den Toba überrannt, einem Herrscherclan aus der Inneren Mongolei, der die Wei-Dynastie begründete. Im 12. Jh. wurden die Bewohner der mongolischen Steppen durch den mächtigen Dschingis Khan geeint, dessen Enkel Kublai Khan China eroberte und die Yuan-Dynastie begründete. Im 17. Jh. drangen die Mandschu ein, die China bis ins 20. Jh. regierten.

Rüstung

Chinesische Soldaten trugen beim Reiten Hosen statt der sonst üblichen langen Gewänder. Ein harter, unterfütterter Lederpanzer schützte vor Schwerthieben, wobei die Beine extra gepanzert waren. Metallrüstungen waren nicht üblich, außer in späteren Jahren als kleine runde Metallplatten, an denen die feindliche Waffe abglitt. Zur Abschreckung des Feindes wurde häufig der »König der Tiere«, ein Tiger, auf den Schild gemalt oder der Soldat trug ein Gewand aus Tigerimitat mit Streifenmuster und Schwanz.

Tonsoldaten

Grabungsfunde verraten uns viel darüber, wie Krieg geführt wurde. So z.B. die berühmte Terrakotta-Armee des Qin-Kaisers. 6000 lebensgroße Tonsoldaten bewachen sein Grab, allerdings meist mit leeren Händen. Ihre Waffen wurden während eines Aufstands 206 v. Chr. entwendet.

Krieg und Waffen

Das Klima lässt in manchen Gegenden Chinas nur Landwirtschaft, in anderen nur Viehzucht zu. Im nördlichen Grenzland Chinas ist beides möglich, weshalb es immer stark umkämpft war. Die größte Gefahr für China kam immer aus den Ebenen Asiens von Reiterkriegern wie den Mongolen oder den Xiong-nu, den Hunnen. Seit dem 7. Jh. v. Chr., als die Chinesen die Armbrust erfanden, ersetzten Eisenwaffen die bisherigen Waffen aus Bronze. Seit dem 5. Jh. v. Chr. wurden Pferde nicht mehr nur als Zugtiere für den Kampfwagen, sondern auch als Reittiere verwendet. Dreifache Reihen von Armbrust- und Bogenschützen sorgten für einen ununterbrochenen Pfeilregen, während Wagenlenker und Reiter in die feindlichen Reihen eindrangen und Fußsoldaten mit Schwertern und Speeren zum Angriff übergingen.

Schießpulver
Im 7. Jh. n. Chr. begann man, Schießpulver auch in Feuerwerkskörpern einzusetzen. Sie sollten nicht nur böse Geister vertreiben, sondern auch in den feindlichen Reihen für Verwirrung sorgen. Das europäische Gewehr wurde in China erst durch Dschingis und Kublai Khan bekannt.

Die Chinesische Mauer
Die Große Mauer wurde auf Geheiß des ersten Kaisers als Schutz gegen die Völker aus den Ebenen jenseits des Reiches errichtet. Sie war etwa 6000 km lang und hatte in regelmäßigen Abständen Wachtürme. Obwohl Teile der Mauer aus dem 3. Jh. v. Chr. stammen, wurden die heute bekanntesten Mauerteile im 15. und 16. Jh. während der Ming-Dynastie erneuert. Im Westen endet sie als niedriger Erdwall.

Zeremonielle Waffen
Viele Waffen wurden nie im Krieg, sondern nur für Zeremonien verwendet – wie dieses Messer mit Bronzegriff und Jadeklinge aus der Shang-Dynastie, das im Kampf nutzlos gewesen wäre. Einer Jadeklinge wurden Zauberkräfte nachgesagt.

Verbrechen und Strafe

Im alten China gab es unterschiedliche Strafen für Missetäter. Am harmlosesten waren Stockschläge oder die öffentliche Zurschaustellung am Pranger. Die nächste Stufe war vorübergehende oder dauerhafte Verbannung aus der Gemeinschaft. Auch die Art der Todesstrafe hing von der Schwere des Verbrechens ab und reichte von einfacher Enthauptung bis zum quälend langsamen Tod für wirklich schlimme Taten (wie Elternmord). Bei dieser Hinrichtungsart wurde der Verurteilte bei lebendigem Leib langsam in Stücke gehackt.

Himmlischer Richter

In chinesischen Gerichtssälen stand die Statue eines Kranichs als Symbol der Gerechtigkeit.

Verkehrsregeln

Die Vorfahrt war streng geregelt. Die unterste Stufe bildeten die Fußgänger, die Lastenträgern den Vortritt lassen mussten. Diese hatten gegenüber Kulis mit leeren Sänften, diese wiederum gegenüber Trägern besetzter Sänften zurückzustehen. Sie alle mussten Reitern den Vortritt lassen, aber absolut vorrangig waren Hochzeitsprozessionen und bedeutende Würdenträger. Da es die Höflichkeit gebot, zur Begrüßung von Freunden aus der Sänfte oder vom Pferd zu steigen, versteckte mancher Fußgänger sein Gesicht hinter einem Fächer, um dem Freund diese Mühe zu ersparen.

Bei kleinen Vergehen

Für Diebstahl und andere kleinere
Delikte musste der Missetäter ein Joch,
eine Art hölzernen Kragen, tragen.
Nachts wurde es meist abge-
nommen, aber untertags
war der Verurteilte, vor
allem beim Essen, auf
Hilfestellung angewiesen.

Enthauptung

Das Hinrichtungsschwert war besonders
schwer, um einen sauberen, glatten
Schnitt und damit einen schnellen
Tod zu gewährleisten. Für die
Schlacht wäre es zu schwerfällig
und unhandlich gewesen.

Schläge

Schläge wurden mit
einer schweren oder leichten Peitsche auf den Rücken verabreicht. Die
Peitschen bestanden aus flachen Bambusruten. Kaiser Kang Xi aus der
Qing-Dynastie bestimmte, dass Schläge auf das Hinterteil
vorzuziehen seien, da hierbei nicht die Gefahr der
Verletzung von inneren
Organen bestand.

Foltermethoden

Folter war zur Erzwingung von Geständnissen erlaubt. Männer
wurden ausgepeischt, Frauen mit einem Stück Leder auf die
Backen geschlagen. Bei der Wasserfolter wurde der Täter in ein
Tuch gewickelt, auf das stetig Wasser tropfte und so den Stoff
tränkte, bis das Opfer kaum mehr atmen konnte. Eine
andere Folterart bestand aus der schmerzvollen
Quetschung von Fingern oder Knöcheln.

Schubkarren

Die frühesten Zeugnisse vom chinesischen Schubkarren stammen aus dem 1. Jh. n. Chr. Man konnte mit ihm leicht eine Last von 150 kg transportieren und auf engen Wegen war er praktischer als ein Wagen.

Wasseruhr

Die Uhrzeit wurde mit einer Wasseruhr bestimmt, die ursprünglich aus mehreren treppenartig angebrachten Gefäßen bestand. Sie entleerten sich in einer bestimmten Zeit in das jeweils darunter stehende Gefäß. Eine genauere Zeitbestimmung war durch das Eintauchen eines Messstabs möglich. Obwohl vermutlich älter, wird sie erstmals im 1. Jh. v. Chr. erwähnt.

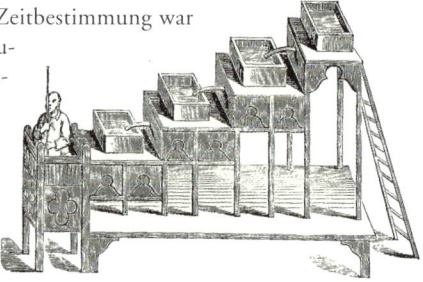

Die Erfindung des Papiers

Das Papier, eine der großen chinesischen Errungenschaften, wurde von Cai Lun (114 n. Chr. gestorben) erfunden. Er soll sein erstes Papier aus altem Leinen und Fischnetzen gemacht haben. Üblicherweise wurde es aus Bambusmark oder Reismehl hergestellt, aber auch aus Baumwolle, Hanf, Fisch- oder Hundehaut. In dickeren Lagen wurde es als Fenster verwendet. Es galt als großes Unglück, wenn jemand auf ein Stück beschriebenes Papier trat oder es wegwarf. Stattdessen musste es sorgfältig verbrannt werden. Auf der Abbildung werden frische, noch nasse Papierlagen auf Gestellen in der Sonne getrocknet.

Der Verlust von Tausenden von Büchern

213 v. Chr. veranlasste der Qin-Kaiser die Verbrennung aller Aufzeichnungen aus früheren Dynastien, da seiner Meinung nach keine in ihrer Bedeutung an seine Dynastie heranreiche. Verschont blieben nur medizinische und landwirtschaftliche Texte und Wahrsagungen. Unersetzliche Aufzeichnungen wurden zerstört und der Qin-Kaiser konnte so die Lektüre seiner Untertanen kontrollieren. Als Strafe dafür, dass sie Bücher versteckt hielten, wurden Hunderte von ihnen lebendig verbrannt. Einige Jahrhunderte später verbrannte Kaiser Yuan aus der Liang-Dynastie aus ähnlichen Gründen 140000 Bücher.

Verkehr und Wissenschaft

Die alten Chinesen hatten eine hoch entwickelte Kultur und Technik. Sie kannten Wasserkraft, Zahnrad, Armbrust und Schießpulver. Ihnen sind lange vor den Europäern bahnbrechende Erfindungen wie Papier, Kompass, Porzellan und Buchdruck gelungen. In späteren Jahrhunderten stand allerdings das rückständige Erziehungssystem einer weiteren Entwicklung im Wege. Noch im 19. Jh. war das Studium der Klassiker die Vorbedingung für eine Karriere. Die Beschäftigung mit Ingenieur- oder Medizinwissenschaft wurde verächtlich als neumodisches Zeug abgetan.

Rechenmaschine

Eine alte chinesische Rechenhilfe ist der Abakus – eine Art primitiver Computer. Jede Reihe steht für Einheiten von Zehnern, Hundertern, Tausendern usw., und man kann damit genauso schnell wie mit Papier und Bleistift rechnen. Das Wort »Abakus« kommt von hebräisch »abak«. So heißt der Staub auf Tischplatten, in den man Rechnungen schrieb.

Seismograf

Dieser Seismograf wurde von Zhang Heng 132 n. Chr. erfunden. Bebte die Erde, so neigte sich der Topf in Richtung des Bebens (des »Epizentrums«) und ein Pendel schlug gegen die gegenüberliegende Innenwand, sodass ein Ball aus dem dahinter angebrachten Drachenmaul in das geöffnete Maul der Kröte fiel, die am weitesten vom Epizentrum des Bebens entfernt saß.

Sänfte

Hohe Würdenträger wurden von einem Kuli-Team getragen. Dem Kaiser standen 16 Träger zu, Prinzen und Regierungsbeamten acht und den übrigen Beamten vier. Wer sich sonst noch eine Sänfte leisten konnte, durfte nur zwei Träger haben.

Die Religion

Taoismus

Die Philosophie des Taoismus wurde im 6. Jh. v. Chr. von Lao Zi begründet. Er predigte Harmonie in allen Dingen, dargestellt durch die Vereinigung von Ordnung und Chaos, Himmel und Erde, Licht und Dunkel, Männlichem und Weiblichem im Symbol des *yang* und *yin*.

Die alte chinesische Regel, dass man sich niemandem, der über oder unter einem stand, aufdrängen dürfe, galt sogar für das Leben nach dem Tod. Man durfte nur zu den eigenen Vorfahren oder Geistern der eigenen Schicht beten. Das Leben nach dem Tod stellte man sich ähnlich wie das Leben auf Erden vor. Die Verstorbenen wurden von den Lebenden durch Brandopfer unterstützt. Der Kaiser erflehte von den mächtigsten Göttern die Verschonung des Landes vor Flut und Hungersnot. Naturkatastrophen lösten immer wieder politische Unruhen aus. Man warf dem Kaiser vor, dass er seinen göttlichen Pflichten nicht nachgekommen sei. Früher wie heute gibt es in China nicht nur eine, sondern mehrere Religionen.

Konfuzianismus

Konfuzius (551–479 v. Chr.) bemühte sich um eine Ordnung der Welt auf der Grundlage genauer Regeln. Wenn jeder Mensch seinen festen Platz in der Familie und in der Reihe der Ahnen kannte, würde die Ordnung in Dorf, Stadt, Provinz und Staat gefestigt und letztlich vollkommen werden.

Buddhismus

Der Buddhismus kam erst im 1. Jh. n. Chr. aus Indien nach China, obwohl die Legende von Missionaren erzählt, die schon unter dem Qin-Kaiser tätig gewesen seien. Ursprünglich eine städtische Religion, breitete sich der Buddhismus auch auf dem Land aus, wo er sich mit Elementen des Taoismus vermischte. Das höchste Ziel eines Buddhisten ist es, durch Meditation und ein begierdefreies Leben die Erleuchtung zu erlangen und so dem ewigen Kreislauf von Tod und Wiedergeburt zu entrinnen.

Weihrauch

Die feinen Späne wohlriechender Hölzer
wurden mit Ton zu Räucherstäbchen
geformt. Diese wurden zu Ehren der Götter
abgebrannt und erfüllten die Luft mit süßen
Düften. Manche hatten sogar Markierungen,
an denen die Zeitspanne abzulesen war.

Horoskop

Horoskope gehörten und gehören in China zum täglichen
Leben. Es gibt zwölf verschiedene Tiere, die die Jahre und
damit auch das Geburtsjahr jedes Menschen beherrschen:
Ratte, Büffel, Tiger, Hase, Drache, Schlange, Pferd, Ziege,
Affe, Hahn, Hund und Schwein. Das Jahr 2002 ist das Jahr
des Pferdes. Es beginnt nicht am 1. Januar, sondern dauert
vom 12. Februar bis zum
31. Januar 2003.

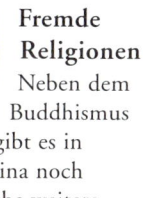

Fremde
Religionen

Neben dem
Buddhismus
gibt es in
China noch
zahlreiche weitere,
von auswärts kommende Glaubens-
richtungen, darunter Christentum und
Islam. Hier ist der Potala-Palast des
Dalai Lama, des religiösen Ober-
hauptes der Tibeter, abgebildet.

Böse Geister

Mit der Zauberkraft des *feng shui*
versuchte man die Lebenden vor
den Übergriffen böser Geister zu
bewahren. Symbolische Wächter
in der Form von steinernen
Statuen sollten vor über-
natürlichen Bedro-
hungen schützen.
So auch dieser
wilde Steinlöwe vor
einem Grab.

Heilkunst

Die Vorteile der traditionellen chinesischen Medizin werden heute auch im Westen anerkannt. Heilkräuter und Akupunktur erfreuen sich wegen ihres Verzichts auf chirurgische Eingriffe wachsender Beliebtheit.

Spuren der Vergangenheit

Das sichtbarste Erbe des alten chinesischen Reiches ist vielleicht die riesige Ausdehnung und die politische und wirtschaftliche Macht des modernen China und die Abermillionen von Menschen, die sich innerhalb und außerhalb des Landes heute zum chinesischen Volk zählen und seine Kultur verbreiten. »Chinesenviertel« gibt es in allen Metropolen Ostasiens und Nordamerikas, und jede Kleinstadt Europas hat ihren »Chinesen« mit der beliebten chinesischen Küche. Bei aller Modernisierung nennen die Chinesen ihr Land immer noch *Zhong Guo*, Reich der Mitte.

Hongkong

Hongkong wurde von den Engländern nach dem Opiumkrieg 1842 (siehe Seite 17) in Besitz genommen und musste 1997 an China zurückgegeben werden. Als britische Kronkolonie wurde das winzige Land an der Südküste Chinas zu einem bedeutenden Handelszentrum mit einem Wald von Wolkenkratzern. Hier abgebildet ist das Gebäude der Bank von China, das nach den Regeln des *feng shui* errichtet wurde.

Die Ballade von Mulan

Im 6. Jh. n. Chr. kamen Lieder über das Mädchen Hua Mulan (»Magnolienblüte«) auf. Sie ging anstelle ihres Vaters zur Armee und diente zwölf Jahre als Mann verkleidet. Als ihr ein ehrenvoller Platz am Hof des Großkhan (China wurde damals von den Mongolen beherrscht) angeboten wurde, erbat sie sich stattdessen ein Kamel, um zu ihrer Familie zurückzukehren. Die Geschichte ist noch heute bekannt und beliebt.

Kampfkunst

Der Schauspieler Bruce Lee (1940–1973) ist noch heute weltbekannt. Er wurde in den USA geboren und unterrichtete Kampfkunst. Mit seinen Kung-fu-Filmen erlangte er Weltruhm. Durch ihn und seine Nachfolger wurde die Kampfkunst in aller Welt als Sportart anerkannt.

Rotchina

1912 wurde der letzte Kaiser von China abgesetzt, aber die junge Republik kam bald in Schwierigkeiten. Nach der japanischen Invasion und einem Bürgerkrieg spaltete sich China in die kleine Republik Taiwan (einer Insel vor der Ostküste Chinas) und die Volksrepublik China auf dem Festland, die 1949 von Mao Zedong, dem »Großen Vorsitzenden« der Kommunistischen Partei Chinas, ausgerufen wurde. China ist nach wie vor kommunistisch, auch wenn seit einigen Jahren eine private Wirtschaft zugelassen wird.

Schon gewusst …?

… dass es Tausende von chinesischen Schriftzeichen gibt?

Es gibt schätzungsweise 40 000 chinesische Schriftzeichen, die allerdings niemand komplett beherrscht. Die meisten sind veraltet oder werden für Spezialausdrücke verwendet. Um einigermaßen chinesisch lesen zu können, muss man »nur« etwa 5000 Zeichen beherrschen. Neben den Schriftzeichen gibt es seit den 50er-Jahren des 20. Jh. die einheitliche phonetische (= lautliche) Umschrift *Hanyu Pinyin* mit lateinischen Buchstaben. Während die Schriftzeichen überall gleich geschrieben werden, variiert ihre Aussprache in den einzelnen Dialekten erheblich. Das *Pinyin* liefert den gemeinsamen Nenner für eine einheitliche Aussprache aller Zeichen. Chinesen in der ganzen Welt richten sich danach. Es hat sich inzwischen auch in Europa durchgesetzt, sodass heute überall die *Pinyin*-Schreibweise *Beijing, Mao Zedong* oder *Lao Zi* verwendet wird und nicht mehr wie bei uns früher *Peking, Mao Tse-tung* oder *Laotse*.

… dass Kampfsportler einst einen Krieg gegen die Christen in China führten?

Seit 631 n. Chr. gibt es Christen in China. Als Jahrhunderte später die christlichen Kirchen China verstärkt missionierten, beklagten sich die Einheimischen, dass die »Jesusteufel« mit ihren spitzen Kirchtürmen das *feng shui* der Umgebung störten. 1900, gegen Ende der Qing-Dynastie, fand der Boxeraufstand gegen christlichen und europäischen Einfluss statt. Die Boxer waren Kampfsportler, denen die Klingen und Kugeln der Fremden angeblich nichts anhaben und die sich durch Trance in Kampfstimmung versetzen konnten.

… dass Gold und Seide töten können?

Gold und Seide können auch einen negativen Hintergrund haben: Nach alten Berichten hieß »Gold schlucken« sich vergiften. Wurde einem Beamten »Seide gereicht«, so bedeutete das, dass der Kaiser ihn zum Tod durch Erwürgen verurteilt hatte.

Ausspracheregeln

Folgende Buchstaben und Silben werden im Deutschen anders ausgesprochen: c = tss; j = dsch (stimmhaft); q, ch = tsch (stimmlos); sh = sch; w = u; x = hss; y = j; z = dz; an = än; ao = au; ei = äi; i nach c, ch, s, z, zh = e (offen), sonst ie; ong = ung; u vor Vokalen = ü.

Die Deutsche Bibliothek – CIP-Einheitsaufnahme

Das alte China / aus dem Engl. von Angelika Seifert. - München : Ars-Ed., 2002
(Wissen der Welt)
Einheitssacht.: Chinese Life <dt.>
ISBN 3-7607-9742-6

© 2002 für die deutsche Ausgabe, arsEdition, München
Aus dem Englischen von Angelika Seifert
Redaktion: Bettina Gratzki, Magda-Lia Bloos
Wissenschaftliche Beratung: Birgit Lindl
Umschlaggestaltung der deutschen Ausgabe: Eva Schindler
First published in Great Britain by ticktock Publishing Ltd.
Titel der Originalausgabe: »Chinese Life«
© 2000 ticktock Publishing Ltd. · Alle Rechte vorbehalten
Printed in Belgium · ISBN 3-7607-9742-6

Danksagung: Der Verlag bedankt sich bei Helen Wire, David Hobbs und Elizabeth Wiggans für ihre Mithilfe.

Bildnachweis: o = oben; u = unten; M = Mitte; l = links; r = rechts; Uv = Umschlag vorne; Uh = Umschlag hinten

AKG: 4ul, 4ol, 5ol, 9o, 9ur, 11or, 11Ml, 13ur, 16ul, 17o, 24Mr, 25or, 26ol & Uh, 26/27M, 27ul, 28/29M & Uv; Ancient Art & Architecture Collection: 2ol. 2ul, 3ur, 4Mu, 12ul, 21or, 21ul, 25ol, 29Ml, 29or; The British Museum: 18ur; Ann Ronan @ Image Select: 2/3M, 6or, 6/7, 13or, 14/15, 20Mr, 20/21Mr, 28ul, 32M; Corbis: 4M, 10Ml, 12ol, 13Ml, 17ur, 20ol, 25ur; e.t. archive: 8Mr, 19or & Uv, 22ol; Heather Agel: 16ol; Holt Studios International: 8ul, 9ul; The Hutchinson Library: 18/19M; Images Colour Library: 10ol & Uv, 14/15or, 16/17M; Image Select: 6ul & Uv, 6ur, 22ul & Uh, 23ul, 26ul, 29ol, 30ur, 31ul; Jean Loup Charmet: 26M; Oxford Scientific Films: 18ol, 24ol; Ronald Grant Archive: 30ul, 31; Science & Society: 27ur; Spectrum: 10/11M & 0 & Uh, 11Mr, 17Ml, 19ur & Uv, 23or; Still Pictures: 30or, Tony Stone Images: 8ol, 22Mr; Werner Foreman Archive: 5or, 11ur, 12/13M, 20ul & Uh, 23u, 29ur *Every Day Life through the Ages* by Reader's Digest: 24/25M.

Der Verlag hat sich bemüht, alle Rechteinhaber zu ermitteln. Sollte dies in Einzelfällen bedauerlicherweise nicht gelungen sein, wird die fehlende Angabe in der nächsten Auflage ergänzt.

Register